러시아어
토르플 기본단계
실전 모의 고사
❷

러시아어 토르플 기본단계 실전 모의 고사
❷

초판 발행 2022년 06월 30일

지은이 Косарева Е.В., Никифорова А.В., Дубинина Н.А., Ильичёва И.Ю.,
Лейфланд-Бернтссон Л.В., Птюшкин Д.В.

펴낸이 김선명
펴낸곳 뿌쉬낀하우스
책임편집 엄올가
편집 송사랑, 김율리아
디자인 김율하

주소 서울특별시 중구 퇴계로20나길 10, 202호
전화 02) 2237-9387
팩스 02) 2238-9388
홈페이지 www.pushkinhouse.co.kr

출판등록 2004년 3월 1일 제2004-0004호

ISBN 979-11-7036-067-4 14790
978-89-92272-64-3 (세트)

© ООО Центр «Златоуст», 2020
Настоящее издание осуществлено по лицензии, полученной от ЗАО «Златоуст»
© Pushkin House, 2022

이 책의 한국어판 저작권은 «Златоуст» 출판사와 독점 계약한 뿌쉬낀하우스에 있습니다.
저작권법에 의해 한국 내에서 보호를 받는 저작물이므로 무단 전재와 무단 복제를 금합니다.

※잘못된 책은 바꿔 드립니다.

Тест по русскому языку как иностранному
Базовый уровень

토르플 고득점을 위한 모의고사 시리즈

TORFL
러시아어
토르플 기본단계
실전 모의 고사 2

Косарева Е.В., Никифорова А.В., Дубинина Н.А., Ильичёва И.Ю.,
Лейфланд-Бернтссон Л.В., Птюшкин Д.В. 지음

뿌쉬낀하우스

※ MP3 파일은 뿌쉬낀하우스 홈페이지(www.pushkinhouse.co.kr)에서 무료로 내려받을 수 있습니다.
  또한 스마트폰을 통해 문제 페이지에 있는 QR코드를 스캔하면 듣기 영역 MP3 파일을 바로 청취할 수 있습니다.

contents

토르플 길라잡이 _6

1부 테스트

Субтест 1.　ЛЕКСИКА. ГРАММАТИКА 어휘, 문법 영역 _11

Субтест 2.　ЧТЕНИЕ 읽기 영역 _27

Субтест 3.　АУДИРОВАНИЕ 듣기 영역 _41

Субтест 4.　ПИСЬМО 쓰기 영역 _50

Субтест 5.　ГОВОРЕНИЕ 말하기 영역 _52

2부 정답

어휘, 문법 영역 정답 _57

읽기 영역 정답 _60

듣기 영역 정답 및 녹음 원문 _61

쓰기 영역 예시 답안 _68

말하기 영역 예시 답안 _71

첨부: 답안지 РАБОЧИЕ МАТРИЦЫ _77

1. 토르플 시험이란?

토르플(TORFL)은 'Test of Russian as a Foreign Language'의 약자로 러시아 교육부 산하기관인 '러시아어 토르플 센터'에서 주관하는 외국인 대상 러시아어 능력 시험이다. 기초 단계에서 4단계까지 총 여섯 단계로 나뉘어 있으며 시험 과목은 어휘·문법, 읽기, 듣기, 쓰기, 말하기의 다섯 영역으로 구성되어 있다. 현재 토르플은 러시아 내 대학교의 입학 시험, 국내 기업체, 연구소, 언론사 등에서 신입사원 채용 시험 및 직원들의 러시아어 실력 평가를 위한 방법으로 채택되고 있다.

2. 토르플 시험 단계

토르플 시험은 기초단계, 기본단계, 1단계, 2단계, 3단계, 4단계로 나뉘어 있다.

- 기초단계 (элементарный уровень)
  일상생활에서 필요한 최소한의 러시아어 구사가 가능한 가장 기초 단계이다.

- 기본단계 (базовый уровень)
  일상생활에서 필요한 기본적인 의사 소통이 가능한 단계이다.

- 1단계 (I сертификационный уровень)
  일상생활에서의 자유로운 의사소통뿐만 아니라, 사회, 문화, 역사 등의 분야에서 러시아인과 대화가 가능한 공인단계이다. 러시아 대학에 입학하기 위해서는 1단계 인증서가 필요하며, 국내에서는 러시아어문계열 대학졸업시험이나 기업체의 채용 및 사원 평가 기준으로도 채택되고 있다.

- 2단계 (II сертификационный уровень)
  원어민과의 자유로운 대화뿐만 아니라, 문화, 예술, 자연과학, 공학 등 전문 분야에서도 충분히 의사소통이 가능한 공인단계이다. 2단계 인증서는 러시아 대학의 비어문계 학사 학위 취득을 위한 요건이며 석사 입학을 위한 자격 요건이기도 하다. 1단계와 마찬가지로 국내에서는 러시아어문계열 대학졸업시험이나 기업체의 채용 및 사원 평가 기준으로도 채택되고 있다.

· 3단계 (III сертификационный уровень)
사회 전 분야에 걸쳐 고급 수준의 의사소통 능력을 지니고 있어 러시아어로 전문적인 활동이 가능한 공인단계이다. 러시아 대학의 비어문계열 석사와 러시아어문학부 학사 학위를 취득하기 위해서 3단계 인증서가 필요하다.

· 4단계 (IV сертификационный уровень)
원어민에 가까운 러시아어 구사 능력을 지니고 있는 가장 높은 공인단계로, 이 단계의 인증서를 획득하면 러시아어문계열의 모든 교육과 연구 활동이 가능하다. 4단계 인증서는 러시아어문학부 석사, 비어문계열 박사, 러시아어 교육학 박사 등의 학위를 취득하기 위한 요건이다.

3. 토르플의 시험영역

토르플 시험은 어휘 · 문법, 읽기, 듣기, 쓰기, 말하기의 다섯 영역으로 구성되어 있다.

· 어휘 · 문법 영역 (ЛЕКСИКА. ГРАММАТИКА)
객관식 필기 시험으로 어휘와 문법을 평가한다. (*사전 이용 불가)

· 읽기 영역 (ЧТЕНИЕ)
객관식 필기 시험으로 주어진 본문과 문제를 통해 독해 능력을 평가한다. (*사전 이용 가능)

· 듣기 영역 (АУДИРОВАНИЕ)
객관식 필기 시험으로 들려 주는 본문과 문제를 통해 이해 능력을 평가한다. (*사전 이용 불가)

· 쓰기 영역 (ПИСЬМО)
주관식 필기 시험으로 주제에 알맞은 작문 능력을 평가한다. (*사전 이용 가능)

· 말하기 영역 (ГОВОРЕНИЕ)
주관식 구술 시험으로 주어진 상황에 적합한 말하기 능력을 평가한다. (*사전 이용이 가능한 문제도 있음)

4. 토르플 시험의 영역별 시간

구 분	기초 단계	기본 단계	1단계	2단계	3단계	4단계
어휘 · 문법 영역	40분	50분	60분	90분	90분	60분
읽기 영역	40분	50분	50분	60분	60분	60분
듣기 영역	30분	30분	35분	35분	35분	45분
쓰기 영역	30분	50분	60분	55분	75분	80분
말하기 영역	20분	25분	60분	45분	45분	50분

*토르플 시험의 영역별 시간은 시험 시행기관마다 조금씩 다를 수 있습니다.

5. 토르플 시험의 영역별 만점

구분	기초 단계	기본 단계	1단계	2단계	3단계	4단계
어휘·문법 영역	100	100	165	150	100	140
읽기 영역	120	180	140	150	150	127
듣기 영역	100	150	120	150	150	150
쓰기 영역	40	80	80	65	100	95
말하기 영역	90	120	170	145	150	165
총 점수	450	630	675	660	650	677

6. 토르플 시험의 합격 점수

구분	기초 단계	기본 단계	1단계	2단계	3단계	4단계
어휘·문법 영역	66-100점 (66%이상)	66-100점 (66%이상)	109-165점 (66%이상)	99-150점 (66%이상)	66-100점 (66%이상)	92-140점 (66%이상)
읽기 영역	79-120점 (66%이상)	119-180점 (66%이상)	92-140점 (66%이상)	99-150점 (66%이상)	99-150점 (66%이상)	84-127점 (66%이상)
듣기 영역	66-100점 (66%이상)	99-150점 (66%이상)	79-120점 (66%이상)	99-150점 (66%이상)	99-150점 (66%이상)	99-150점 (66%이상)
쓰기 영역	26-40점 (66%이상)	53-80점 (66%이상)	53-80점 (66%이상)	43-65점 (66%이상)	66-100점 (66%이상)	63-95점 (66%이상)
말하기 영역	59-90점 (66%이상)	79-120점 (66%이상)	112-170점 (66%이상)	96-145점 (66%이상)	99-150점 (66%이상)	109-165점 (66%이상)

1부 테스트

Субтест 1. ЛЕКСИКА. ГРАММАТИКА

Инструкция по выполнению теста

- **Время выполнения теста — 50 минут.**
- Вы получили задания, инструкции к заданиям и листы с матрицами.
- **Напишите в матрице фамилию, имя, страну и дату.**
- Тест состоит из 5 частей (100 заданий).
- При выполнении теста **пользоваться словарём нельзя**.
- В заданиях нужно выбрать вариант ответа и отметить его в матрице.

Например:

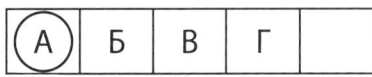

(Вы выбрали вариант А).

Если вы ошиблись и хотите исправить ошибку, сделайте так:

Например:

(Ваш выбор — вариант В, вариант А — ошибка).

Отмечайте ваш выбор только в матрице, в тесте ничего не пишите! Проверяться будет только матрица.

ЧАСТЬ 1

Задания 1–29. Прочитайте пары предложений. Выберите один вариант ответа и отметьте его в матрице.

1. Друг _____ мне посмотреть фильм «Территория». **2.** Он _____, что это интересный и серьёзный фильм о людях, которые очень любят свою работу.	(А) сказал (Б) показал (В) посоветовал (Г) попросил
3. Светлане _____ ходить на разные выставки. **4.** В последнее время она начала _____ современным искусством.	(А) знать (Б) интересоваться (В) любит (Г) нравится
5. Сегодня я _____ письмо от друга по электронной почте. **6.** В письме он _____ мне совет, что подарить моей подруге на Новый год.	(А) дал (Б) сказал (В) спросил (Г) получил
7. Я не _____ плавать, с детства боюсь воды. **8.** Но я очень _____ научиться плавать.	(А) хочу (Б) умею (В) знаю (Г) могу
9. Недавно мои друзья вернулись из Италии. Они _____ мне фотографии, которые сделали в Риме и Милане. **10.** Друзья с большим интересом _____ о своём путешествии.	(А) рассказали (Б) взяли (В) показали (Г) сказали

11. В Петербурге всегда _____ . **12.** А перед новогодними праздниками, конечно, становится ещё _____ .	(А) красивый (Б) красиво (В) красивее (Г) красота
13. В нашей семье все очень _____ . **14.** Мы думаем, что _____ помогает людям решить любую проблему.	(А) дружить (Б) дружные (В) дружно (Г) дружба
15. Вчера Настя и Коля поженились. Это большое _____ . **16.** Все гости уверены, что у них будет _____ семья.	(А) счастье (Б) счастливо (В) счастливее (Г) счастливая
17. Сейчас мне почти 50 лет. А мой коллега _____ меня на 30 лет. **18.** Он весёлый, энергичный. Да, _____ — прекрасное время.	(А) молодость (Б) молодой (В) младше (Г) младший
19. Я _____ только начал учиться в университете. **20.** Но я _____ думаю, куда я могу пойти работать после окончания университета.	(А) уже (Б) или (В) ещё (Г) тоже
21. Мария Сергеевна, поздравляю _____ с днём рождения! **22.** Желаю _____ счастья и радости!	(А) к Вам (Б) Вас (В) у Вас (Г) Вам

23. Вадик, приглашаю _____ на дачу в субботу! **24.** У нас большая дача, рядом озеро. Уверен, _____ понравится у нас.	(А) тебе (Б) с тобой (В) к тебе (Г) тебя
25. Сейчас многие говорят, что курить — это плохо. Я прочитала очень много литературы _____ тему. **26.** Невозможно _____ молчать. Надо решать проблему курения всем вместе.	(А) на эту (Б) с этим (В) об этом (Г) эту
27. — Маша, ты ходила на мюзикл «Мастер и Маргарита»? — Нет, к сожалению, _____ мюзикл я не смогла пойти. **28.** Я смотрела новый мюзикл, который называется «Евгений Онегин». Очень известные артисты играют _____ мюзикле. Советую посмотреть.	(А) на этот (Б) на этом (В) в этот (Г) в этом
29. — Дима, я прошу тебя _____ не ходить без моего согласия. После школы сразу иди домой. Хорошо? — Хорошо, мама.	(А) где (Б) куда (В) никуда (Г) когда

ЧАСТЬ 2

Задания 30–44. Вы работаете со связным текстом. Выберите один вариант ответа и отметьте его в матрице.

30. Эльдар Рязанов — _____ .	(А) известным кинорежиссёром (Б) известный кинорежиссёр (В) с известным кинорежиссёром (Г) у известного кинорежиссёра
31. Эльдар Рязанов родился _____ 1927 года.	(А) восемнадцатого ноября (Б) в восемнадцатое ноября (В) в восемнадцатом ноябре (Г) восемнадцатое ноября
32. Он умер _____ 2015 года.	(А) в тридцатое ноября (Б) тридцатое ноября (В) в тридцатом ноябре (Г) тридцатого ноября
33. Его родители очень хотели, чтобы _____ сына все любили, чтобы он стал известным.	(А) её (Б) они (В) его (Г) их

34. С детства Эльдар Рязанов любил читать книги. Он хотел стать _____ .	(А) великий писатель (Б) великого писателя (В) великим писателем (Г) великому писателю
35. Эльдар Рязанов также мечтал _____ .	(А) путешествия (Б) о путешествиях (В) с путешествиями (Г) из путешествий
36. Для себя он решил: или он будет писать _____ , или будет мореплавателем.	(А) интересные книги (Б) интересных книг (В) с интересными книгами (Г) в интересных книгах
37. После _____ он написал письмо в Одесское мореходное училище.	(А) окончанию школы (Б) окончание школу (В) окончании школы (Г) окончания школы
38. Шла Великая Отечественная война, поэтому он не получил никакого _____ .	(А) ответом (Б) ответе (В) ответа (Г) ответу
39. Денег не было, книги из домашней библиотеки продавали или меняли _____ .	(А) на еду (Б) о еде (В) до еды (Г) для еды

40. После школы Эльдар Рязанов поступил во ВГИК, но не потому что мечтал стать _____ .	(А) режиссёр (Б) режиссёром (В) режиссёров (Г) режиссёру
41. Он решил поступать вместе _____ , так как не знал, куда поступать.	(А) о своём друге (Б) у своего друга (В) к своему другу (Г) со своим другом
42. В 1950 году Эльдар Рязанов окончил ВГИК. _____ дипломный фильм назывался «Они учатся в Москве».	(А) Он (Б) Её (В) Его (Г) Их
43. _____ Эльдара Рязанова стали любимыми всеми комедиями.	(А) Известными фильмами (Б) Известные фильмы (В) Известных фильмов (Г) Известным фильмом
44. Это, например, _____ : «Ирония судьбы, или с лёгким паром!», «Служебный роман», «Гараж», «Вокзал для двоих» и другие.	(А) следующими картинами (Б) следующая картина (В) следующие картины (Г) в следующих картинах

Задания 45–59. Вы работаете со связным текстом. Выберите один вариант ответа и отметьте его в матрице.

45. С самого детства, когда нам становится скучно или грустно, мы мечтаем съесть _____ , чтобы плохое настроение стало лучше. Учёные доказали, что сладкие продукты делают нас счастливыми, а нашу жизнь — яркой.	(А) вкусный торт или вкусное пирожное (Б) вкусного торта или вкусного пирожного (В) вкусному торту или вкусному пирожному (Г) вкусных тортах или вкусных пирожных
46. Все, _____ гулял по Невскому проспекту, видели кондитерскую «Север».	(А) где (Б) когда (В) кто (Г) кого
47. Её построили в 1903 году. Сейчас _____ — бренд Петербурга.	(А) знаменитую кондитерскую «Север» (Б) знаменитой кондитерской «Север» (В) у знаменитой кондитерской «Север» (Г) знаменитая кондитерская «Север»
48. _____ являются символами кондитерской «Север».	(А) Два белых медведя (Б) Два белые медведя (В) Двух белых медведей (Г) Двумя белыми медведями

49. Сегодня «Север» — это не только место, где готовят торты и пирожные, но и _____ .	(А) современного кафе (Б) современное кафе (В) в современном кафе (Г) у современного кафе
50. Здесь вы можете отдохнуть после учёбы или работы, поговорить _____ .	(А) у друзей (Б) с друзьями (В) к друзьям (Г) от друзей
51. Конечно, здесь также можно съесть традиционное или новое пирожное _____ .	(А) свежие фрукты (Б) свежих фруктов (В) со свежими фруктами (Г) о свежих фруктах
52. А ещё вы можете купить в кондитерской вкусный торт _____ .	(А) из дома (Б) к дому (В) дома (Г) домой
53. Такой сюрприз обязательно понравится _____ .	(А) для любимой семьи (Б) любимой семье (В) любимая семья (Г) любимую семью
54. Уже давно _____ кондитерская стала главным «сладким местом» Санкт-Петербурга.	(А) этой (Б) эта (В) этого (Г) этот

55. «Север» любят _____ жители Санкт-Петербурга.	(А) все (Б) весь (В) вся (Г) всё
56. Каждый житель _____ знает, что взять с собой в гости.	(А) Петербург (Б) из Петербурга (В) Петербурга (Г) в Петербурге
57. Можно купить хозяйке цветы, но главное — принести торт или пирожные _____ .	(А) у «Севера» (Б) с «Севером» (В) в «Север» (Г) из «Севера»
58. Сегодня в «Севере» можно купить не только пирожные или торты, но и печенье. Поэтому многие туристы покупают их _____ .	(А) своим родителям, детям, друзьям (Б) свои родители, дети, друзья (В) своих родителей, детей, друзей (Г) своими родителями, детьми, друзьями
59. Если вы ещё не были в кафе «Север», _____ находится на Невском проспекте, 44, советуем вам сходить туда с друзьями.	(А) которой (Б) которое (В) у которого (Г) в котором

ЧАСТЬ 3

Задания 60–71. Вы работаете со связным текстом. Выберите один вариант ответа и отметьте его в матрице.

60. Вчера я _____ в аэропорт встречать своего друга.	(А) подошёл (Б) возил (В) ездил
61. Мой друг Сергей _____ из Пекина, столицы Китая.	(А) прилетел (Б) долетел (В) пришёл
62. Сергей _____ всем много подарков.	(А) увёз (Б) привёз (В) пришёл
63. Он программист и _____ в Пекин на конференцию.	(А) ездил (Б) ехал (В) пошёл
64. Чтобы не опоздать, я _____ из дома за 4 часа.	(А) ушёл (Б) вышел (В) пришёл
65. В результате я _____ в аэропорт «Пулково» очень рано, за 2 часа до встречи с другом.	(А) приехал (Б) пришёл (В) ходил
66. Я не стал брать такси, а решил _____ на общественном транспорте.	(А) везти (Б) ездить (В) ехать

67. Я живу недалеко от станции метро «Приморская», поэтому до метро я _____ пешком.	(А) выехал (Б) пришёл (В) дошёл
68. Сел в метро и _____ до станции «Гостиный двор», потом сделал пересадку на другую линию.	(А) доехал (Б) приехал (В) ездил
69. Я сел в вагон метро и _____ на станцию «Московская».	(А) ездил (Б) поехал (В) ехал
70. На станции «Московская» я _____ из метро и сел в маршрутное такси № 350.	(А) вышел (Б) пришёл (В) ушёл
71. Маршрутное такси _____ прямо до аэропорта. Я был очень рад увидеть своего друга. Сергею всё понравилось: и конференция, и город Пекин, и люди.	(А) несёт (Б) летит (В) идёт

ЧАСТЬ 4

Задания 72–84. Вы работаете со связным текстом. Выберите один вариант ответа и отметьте его в матрице.

72. Рената Литвинова — известная российская театральная и киноактриса, режиссёр. Она родилась в семье врачей. К сожалению, отец не жил _____ .	(А) к семье (Б) в семье (В) с семьёй
73. Рената говорит: «Когда ко мне приходили подружки, я оставляла в коридоре мужскую шапку или пальто, чтобы они _____ , что у меня есть отец».	(А) подумали (Б) подумают (В) думают
74. Когда Рената была маленькой, её мама очень _____ кино.	(А) интересовалась (Б) поинтересовалась (В) интересуется
75. Потом любовь к фильмам _____ и у Ренаты.	(А) появлялась (Б) появилась (В) являлась
76. Сейчас актриса _____ , что обожает кино.	(А) скажет (Б) сказала (В) говорит
77. Рената может _____ фильмы с утра до ночи.	(А) смотреть (Б) смотрит (В) смотрела
78. Творческий талант у Литвиновой _____ ещё в школе.	(А) заметила (Б) заметили (В) замечала

79. Девочка _____ народными танцами, лёгкой атлетикой, а также много читала и писала небольшие рассказы и истории.	(А) будет заниматься (Б) занимается (В) занималась
80. После окончания школы в 1984 году Рената _____ в институт кинематографии (ВГИК).	(А) поступать (Б) поступила (В) будет поступать
81. А в 2000 году _____ режиссёрская биография Ренаты Литвиновой. Наиболее известные её работы — «Небо. Самолёт. Девушка», «Богиня: как я полюбила», «Последняя сказка Риты».	(А) началась (Б) начинает (В) будет начинаться
82. У Литвиновой _____ свой особенный стиль как в кино, так и в одежде. Актриса — очень активный и сильный человек.	(А) будет (Б) был (В) есть
83. Российские зрители с большим удовольствием смотрят фильмы с её участием. Также Ренату часто _____ на телевидение для участия в различных программах.	(А) приглашали (Б) приглашают (В) будут приглашать
84. Её мечта — быть всегда свободной и делать то, что _____ сердце.	(А) заговорит (Б) говорило (В) говорит

ЧАСТЬ 5

Задания 85–100. Выберите вариант ответа и отметьте его в матрице.

85. — Ты где была в выходные? — Я ездила в Финляндию _____ . **86.** — Как? Ты ездила отдыхать? У нас же _____ начинаются экзамены.	(А) неделя (Б) на неделю (В) за неделю (Г) через неделю
87. Только _____ я могу делать то, что хочу. Поэтому мечтаю играть в компьютерные игры и спать. **88.** А _____ снова нужно будет заниматься с утра до ночи.	(А) до каникул (Б) после каникул (В) за каникулы (Г) во время каникул
89. Моя мама очень хорошо готовит. Я _____ хочу научиться. **90.** _____ поэтому я решила пойти на кулинарные курсы.	(А) и (Б) но (В) а (Г) тоже
91. Ко мне приехала подруга, _____ отдыхала летом у меня на даче. **92.** Это та подруга, _____ мы каждый день ходили на озеро.	(А) за которую (Б) с которой (В) которая (Г) у которой
93. Расскажи мне, пожалуйста, о книге, _____ ты вчера закончил читать. **94.** Ты говорил, что там была героиня, читать _____ тебе очень понравилось.	(А) о которой (Б) которая (В) которую (Г) для которой

95. Я сегодня сходил на выставку, _____ так много говорили и писали. **96.** Эта выставка, _____ понравилась многим людям. Но мне показалось, что это обычная выставка.	(А) которая (Б) которую (В) о которой (Г) на которую
97. — Мама, я не буду брать зонт с собой, _____ на улице тепло и светит солнце. **98.** — Коля, вот ты не взял зонт утром, а пошёл дождь, _____ вся твоя одежда сейчас мокрая.	(А) потому что (Б) чтобы (В) если (Г) поэтому
99. — Ты не знаешь, _____ это учебник? **100.** — Нет. Но _____ студент забыл учебник, то обязательно вернётся за ним.	(А) что (Б) если (В) чей (Г) когда

Субтест 2. ЧТЕНИЕ

Инструкция по выполнению теста

- **Время выполнения теста — 50 минут.**
- Вы получили задания, инструкции к заданиям и листы с матрицами.
- **Напишите в матрице фамилию, имя, страну и дату.**
- Тест состоит из 4 частей (30 заданий).
- При выполнении теста **можно пользоваться двуязычным словарём**.
- В заданиях нужно выбрать вариант ответа и отметить его в матрице.

Например:

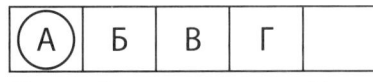

(Вы выбрали вариант А).

Если вы ошиблись и хотите исправить ошибку, сделайте так:

Например:

(Ваш выбор — вариант В, вариант А — ошибка).

Отмечайте ваш выбор только в матрице, в тесте ничего не пишите! Проверяться будет только матрица.

ЧАСТЬ 1

Задания 1–5. Прочитайте сообщения и найдите логическое продолжение этой информации в вариантах (А, Б, В).

1. **Чтобы решить проблему общественного транспорта, власти города сделали дополнительные маршруты в каждом районе города и увеличили количество автобусов, троллейбусов и трамваев.**

   (А) На дорогах появились дорожки для велосипедистов.

   (Б) Дороги стали более свободными, потому что сейчас меньше машин.

   (В) Теперь время ожидания общественного транспорта не более 10 минут.

2. **Российский мультфильм «Маша и медведь» теперь показывают не только в России, но и в Италии.**

   (А) Каждый день итальянские дети с удовольствием смотрят приключения девочки Маши и её друга.

   (Б) Дети в Италии не хотят смотреть итальянские мультфильмы.

   (В) Российские мультфильмы всегда были популярны в других странах.

3. **Писательница из Белоруссии Светлана Алексиевич в 2015 году получила Нобелевскую премию по литературе.**

   (А) Каждый год русскоязычные писатели получают Нобелевскую премию по литературе.

   (Б) И теперь её книги переводят на разные языки и будут читать во всём мире.

   (В) Эту писательницу никто не знает даже в Белоруссии.

4. В последнее время люди стали больше заботиться о своём здоровье.

(А) Многие на работу или на учёбу стали ходить пешком, чтобы дышать свежим воздухом.

(Б) Люди стали больше есть и больше работать.

(В) Теперь люди чаще ходят в бары или клубы.

5. Туризм — важная часть экономики Италии.

(А) Туристы делают покупки в модных магазинах и посещают рестораны.

(Б) Всем известны такие прекрасные города, как Рим и Флоренция.

(В) Рестораны итальянской кухни есть, наверное, во всём мире.

ЧАСТЬ 2

Задания 6–10. Прочитайте фрагменты статей из газет и журналов. Определите их тему.

6. Ресторан «Мишка» находится в центре Санкт-Петербурга, в двух шагах от Исаакиевского собора. Хозяин ресторана Борис Рытов рассказал журналистам, какие блюда предпочитают иностранные и российские гости. Есть блюда, которые заказывают все, например бифштекс, салат. Но русские, как правило, на обед едят суп, обязательно просят хлеб, а после обеда часто пьют чай. Среди туристов из Западной Европы можно встретить вегетарианцев, кроме того, на столе у иностранных гостей всегда есть вода. Интересно, что посетители из России, если заказывают воду, просят не класть лёд, а большинство иностранцев предпочитает воду со льдом.

   В этой статье рассказывается о _____ .

   (А) предпочтениях русских и иностранцев в еде
   (Б) жизни в России и других странах
   (В) новом ресторане в центре Петербурга

7. Власти Санкт-Петербурга приняли решение, что с 2019 года в городе нельзя будет строить очень высокие дома. Например, высота зданий в районах, которые находятся далеко от центра города, т. е. в спальных районах, будет не выше 12 этажей.

   В этой статье говорится о _____ .

   (А) возможности строительства домов в спальных районах
   (Б) новых правилах строительства в центре города
   (В) новых правилах строительства высоких зданий

8. В каждой стране есть рейтинг популярных газет. В России много газет, и каждая имеет своего читателя. Есть бизнес-газеты, политические газеты, газета о литературе, газеты, в которых можно прочитать разные статьи о культурной, экономической, политической жизни, узнать курс валюты и т. д. Многие в России читают «Комсомольскую правду», которая появилась в 1925 году. Второе место по популярности занимает газета «Аргументы и факты». Третье место занимает «Московский комсомолец».

Автор статьи рассказывает о _____ .

(А) рейтинге популярных газет в России

(Б) рейтинге популярных газет в мире

(В) темах газетных статей

9. Учёные доказали, что погода влияет на то, как работает человек. Если погода хорошая, на улице тепло и светит солнце, то люди меньше думают о работе. Если погода плохая, идёт дождь или снег, то люди лучше работают. Учёные объясняют это так: когда человек видит, что за окном светит яркое солнце, то в его голове появляется много идей: что делать, куда и с кем пойти. Люди перестают думать о рабочем процессе, а мечтают о прогулке в парке на свежем воздухе. Напротив, если погода плохая, то люди работают хорошо и эффективно.

В статье говорится о том, что _____ .

(А) люди любят работать в хорошую погоду

(Б) погода не влияет на рабочий процесс

(В) погодные условия и рабочий процесс связаны между собой

10. Сегодня невозможно жить без компьютера и интернета. Многие из нас несколько раз в день проверяют электронную почту, читают сообщения в социальных сетях, читают новости или даже работают в различных онлайновых программах. Интернет стал частью нашей жизни. Дети, как и взрослые, проводят много времени в Интернете. С одной стороны, Интернет помогает детям найти нужную информацию за несколько секунд. С другой стороны, кроме полезной и нужной информации, в Интернете много рекламы и разных сайтов только для взрослых. Поэтому родителям нужно многое объяснять детям: как выбирать информацию, анализировать её и т. д.

В этой статье рассказывается о _____ .

(А) влиянии Интернета на взрослого человека

(Б) невозможности использования Интернета детьми

(В) минусах и плюсах использования Интернета детьми

ЧАСТЬ 3

Задания 11–25. Прочитайте текст о том, что современные молодые люди думают о занятиях спортом, а затем выполните задания. Выберите один вариант ответа.

Спорт в моей жизни

Будущая журналистка Марина на занятиях в университете получила задание: написать статью для газеты «Аргументы и факты» о том, что сегодня молодёжь думает о спорте. Марина взяла интервью у своих знакомых. Она задала вопрос: «Какую роль играет спорт в жизни человека?» Марина получила следующие ответы.

Юрий, программист, 23 года. «Спорт помогает людям заботиться о своём здоровье, делает людей более сильными и уверенными в себе. Мне спорт помогает отдохнуть после тяжёлого рабочего дня, стать более энергичным. Я считаю, что у занятий спортом есть и другие плюсы. Мне кажется, что занятия спортом помогают найти новых друзей, которые будут тебя понимать и с которыми ты будешь проводить своё свободное время. В наше время заниматься спортом — модно. Модно быть здоровым, активным, а не пассивным человеком, который свободное время проводит на диване или за компьютерными играми. Спорт помогает долгое время оставаться в хорошей физической форме, быть в отличном настроении и легко решать разные трудные задачи».

Елизавета, студентка, 20 лет. «Говорят, что спорт — это жизнь. Я согласна. Спорт — это здоровье, красота, хорошее настроение. Могу сказать, что я уважаю людей, которые занимаются спортом. Но сама никаким видом спорта не занимаюсь и не хочу этого делать. У меня нет времени: много домашних заданий, после занятий я работаю официанткой в одном из кафе. Спорт важен, но если ты сам хочешь заниматься, а не кто-то говорит, что это нужно и полезно. Если появятся проблемы с фигурой, наверно, займусь каким-нибудь видом спорта, а сейчас у меня нет желания».

Наталья, учитель математики, 25 лет. «Спорт — это моя жизнь. Я не могу жить ни одного дня без спорта. Каждое утро я делаю различные физические упражнения дома, если плохая погода. А если погода хорошая, то бегаю в парке. Три раза в неделю я хожу в фитнес-клуб, плаваю. В выходные дни занимаюсь большим теннисом. У меня все друзья активно занимаются спортом. Я не понимаю тех людей, которые считают, что спортом нужно заниматься, если у тебя проблемы со здоровьем или тебе нужно немного похудеть. Нет, спортом нужно заниматься всегда, чтобы чувствовать себя хорошо и быть активным человеком, который любит жизнь».

11. Этот человек понимает, что спорт, конечно, играет важную роль в жизни каждого человека, но не считает, что им должны заниматься все.

(А) программист

(Б) студентка

(В) учитель математики

12. Этот человек считает, что спорт — это его жизнь.

(А) программист

(Б) студентка

(В) учитель математики

13. Этот человек считает, что занятия спортом не только помогают быть в хорошей физической форме, но и дают возможность познакомиться с новыми людьми.

(А) программист

(Б) студентка

(В) учитель математики

14. Этот человек не может жить без спорта.

(А) программист

(Б) студентка

(В) учитель математики

15. Этот человек не занимается спортом, потому что очень занят.

(А) программист

(Б) студентка

(В) учитель математики

16. Этот человек говорит, что спорт помогает отдохнуть после тяжёлого рабочего дня.

(А) программист

(Б) студентка

(В) учитель математики

17. Этот человек и все его друзья активно занимаются спортом.

(А) программист

(Б) студентка

(В) учитель математики

18. Этот человек уважает людей, которые занимаются спортом.

(А) программист

(Б) студентка

(В) учитель математики

19. Этот человек считает, что сегодня спорт — это не только полезное, но и модное занятие.

(А) программист

(Б) студентка

(В) учитель математики

20. Этот человек каждое утро делает различные физические упражнения.

(А) программист

(Б) студентка

(В) учитель математики

21. Этот человек начнёт заниматься спортом, если появятся проблемы с фигурой.
(А) программист
(Б) студентка
(В) учитель математики

22. Этот человек уверен, что занятия спортом не только важны для здоровья, но и помогают в решении различных проблем.
(А) программист
(Б) студентка
(В) учитель математики

23. Этот человек считает, что любить спорт — значит любить жизнь.
(А) программист
(Б) студентка
(В) учитель математики

24. Этот человек не понимает людей, которые начинают заниматься спортом, потому что появились проблемы со здоровьем или появилось желание похудеть.
(А) программист
(Б) студентка
(В) учитель математики

25. Этот человек уверен, что будущее за активными людьми, а не за теми, которые в свободное время играют в компьютерные игры и лежат на диване.
(А) программист
(Б) студентка
(В) учитель математики

ЧАСТЬ 4

Задания 26–30. Прочитайте текст о котах, которые живут в Эрмитаже. Вам нужно понять основную информацию текста и значимые детали. Выполните задания после текста. Выберите один вариант ответа.

Эрмитажные коты

В главном здании Государственного Эрмитажа в Санкт-Петербурге работают не только люди, но и коты.

Почти с момента основания Зимнего дворца в нём живут коты, которые ловят мышей. Каждый из этих музейных котов имеет свой паспорт и считается опытным специалистом по работе с мышами.

Кошки появились в Зимнем дворце в 1745 году, когда, согласно популярной версии историков, в здании появилось много мышей. Именно в то время императрица Елизавета Петровна издаёт указ, в котором говорится, что необходимо во дворец привезти котов. Почти сразу после того, как на территории здания появились кошки, мышей там больше не видели.

Долгое время коты жили в Зимнем дворце, однако во время блокады Ленинграда почти все кошки умерли от голода. Они вновь появились там после Второй мировой войны, когда в Ленинград привезли два вагона с кошками, некоторые из которых были отправлены в Зимний дворец.

Сегодня в подвалах главного здания Эрмитажа живут около 50 котов. Они могут свободно передвигаться по подвалу, т. е. они свободно гуляют в помещениях, которые находятся под первым этажом дворца. Однако вход в музейные залы для них закрыт. В подвале всегда сухо и тепло, и у каждого кота есть своя тарелка, лоток (туалет для котов), корзинка для сна.

Интересно, что с 2008 года проводится праздник, который посвящён котам Эрмитажа — День эрмитажного кота. Обычно он бывает в конце апреля или начале мая. С 2011 года День эрмитажного кота входит в официальный список праздников, которые проводятся в музее. Сегодня в Эрмитаже Тихон — самый главный и самый взрослый кот. Ему 12 лет. Он обязательно приходит на праздник и не против, чтобы с ним фотографировались. Но в другие дни он не любит людей с фотоаппаратами, которые хотят сфотографировать его.

Во время праздника посетители могут увидеть эрмитажных котов, зайти в помещения, где живут коты, а также поучаствовать в разных тематических играх для взрослых и детей (например, в игре «Путешествие с эрмитажным котом»).

26. Первые кошки появились в Зимнем дворце в _____ .

    (А) середине 18-го века

    (Б) середине 19-го века

    (В) начале 20-го века

27. Кошки стали жить в Эрмитаже, потому что _____ .

   (А) императрица Елизавета Петровна любила кошек

   (Б) в её дворце появились мыши

   (В) издали указ о том, чтобы кошки жили во дворцах

28. Сегодня кошки живут _____ **Эрмитажа.**

   (А) в залах

   (Б) во дворе

   (В) в подвале

29. День эрмитажного кота стал официальным праздником Эрмитажа в _____ .

   (А) 2008 году

   (Б) 2010 году

   (В) 2011 году

30. Во время праздника главный кот Эрмитажа Тихон _____ .

   (А) очень любит, когда с ним фотографируются

   (Б) обычно фотографируется с посетителями

   (В) находится в подвале, потому что боится камеры

Субтест 3. АУДИРОВАНИЕ

Инструкция по выполнению теста

- **Время выполнения теста — 30 минут.**
- Вы получили задания, инструкции к заданиям и листы с матрицами.
- **Напишите в матрице фамилию, имя, страну и дату.**
- Тест состоит из 5 частей (25 заданий).
- При выполнении теста **пользоваться словарём нельзя**.
- Слушайте аудиотексты. Выбирайте вариант ответа и отмечайте его в матрице.
- **Все аудиотексты звучат два раза.**

Например:

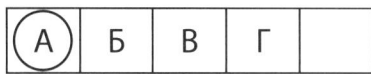

(Вы выбрали вариант А).

Если вы ошиблись и хотите исправить ошибку, сделайте так:

Например:

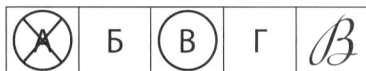

(Ваш выбор — вариант В, вариант А — ошибка).

Отмечайте ваш выбор только в матрице, в тесте ничего не пишите! Проверяться будет только матрица.

ЧАСТЬ 1

Задания 1–5. Прослушайте сообщения. Выберите из трёх вариантов (А, Б, В) тот, который по смыслу соответствует сообщению.

1. (Звучит сообщение)

(А) Молодой специалист учился в Санкт-Петербургском государственном университете.

(Б) Молодой специалист работает в Санкт-Петербургском государственном университете.

(В) Молодой специалист никогда не был в Санкт-Петербургском государственном университете.

2. (Звучит сообщение)

(А) Вчера мы с другом смотрели интересный фильм о России.

(Б) Вчера мой друг сказал, чтобы я посмотрел интересный фильм о России.

(В) Вчера мой друг сказал, что нет интересных фильмов о России.

3. (Звучит сообщение)

(А) Некоторые дети говорят, что заниматься по этим учебникам трудно.

(Б) Многие дети не согласны, что заниматься по этим учебникам трудно.

(В) По мнению многих детей, заниматься по этим учебникам нелегко, то есть трудно.

4. (Звучит сообщение)

(А) Из объявления я узнал, что магазин работает 24 часа.

(Б) Я написал объявление о работе в магазине.

(В) Из объявления я узнал, что магазину нужны работники.

5. (Звучит сообщение)

(А) Сейчас молодые люди переезжают в маленькие города и деревни.

(Б) Сейчас молодые люди переезжают в большие города.

(В) Сейчас молодые люди предпочитают жить в деревне.

ЧАСТЬ 2

Задания 6–9. Прослушайте диалоги и выполните задания к ним. Вам нужно понять, о чём говорят эти люди.

6. Они говорят _____ .

   (А) о занятиях

   (Б) об экзаменах

   (В) об отдыхе

7. Они говорят о _____ .

   (А) спорте

   (Б) здоровье

   (В) лекарстве

8. Они говорят о _____ .

   (А) фильме

   (Б) режиссёре

   (В) свободном времени

9. Они говорят о _____ .

   (А) маме

   (Б) подарке

   (В) поездке

ЧАСТЬ 3

Задания 10–13. Прослушайте диалоги и ответьте на вопрос к каждому из них.

10. Почему Саша не встретил Аню на вокзале?

   Саша не встретил Аню на вокзале, потому что _____ .

   (А) опоздал

   (Б) работал

   (В) забыл

11. В какое время Оля и Игорь решили встретиться?

   Оля и Игорь решили встретиться в _____ .

   (А) 13:30

   (Б) 13:00

   (В) 12:30

12. Зачем Света звонила Игорю?

   Света звонила Игорю, чтобы _____ .

   (А) Игорь купил ей гитару

   (Б) они вместе выбрали гитару

   (В) помочь Игорю выбрать гитару

13. Что друзья решили подарить Ане на день рождения?

   Друзья решили подарить Ане на день рождения _____ .

   (А) фотокамеру

   (Б) книгу

   (В) сумку для фотокамеры

ЧАСТЬ 4

Задания 14–19. Прослушайте текст, рекламу экскурсионной программы в Москве, и выполните задания к нему.

14. Турфирма «Глобус» предлагает _____ .

(А) получить работу в Москве

(Б) провести праздники или выходные в Москве

(В) поехать в Москву за покупками

15. Программа «Московские каникулы» длится _____ .

(А) три дня

(Б) семь дней

(В) два дня

16. Экскурсионная программа включает _____ .

(А) Красную площадь, Кремль, Старый Арбат

(Б) театр оперы и балета и старый русский ресторан

(В) московское метро

17. Стоимость туристической программы включает _____ .

(А) экскурсии, билет в театр, ужин в ресторане

(Б) экскурсии, проживание, дорогу до Москвы

(В) экскурсии, дорогу до Москвы, ужин в ресторане

18. Гости программы будут добираться до Москвы на _____ .

(А) самолёте

(Б) автобусе

(В) поезде

19. Подарок от турфирмы — это _____ .

(А) билет в Большой театр

(Б) ужин в русском ресторане

(В) экскурсия по городу

ЧАСТЬ 5

Задания 20–25. Прослушайте текст, рекламу ресторана, и выполните задания к нему.

20. Всех желающих приглашают на открытие ресторана _____ .

(А) «Русь»

(Б) «Россия»

(В) «Санкт-Петербург»

21. Официальное открытие ресторана состоится _____ .

(А) 20 декабря

(Б) 25 декабря

(В) 20 января

22. В ресторане готовят блюда _____ кухни.

(А) белорусской

(Б) украинской

(В) русской

23. В ресторане также предлагают _____ .

(А) послушать музыку

(Б) пройти кулинарные мастер-классы

(В) организовать банкеты

24. В этом ресторане работают повара _____ .

(А) из разных стран

(Б) из разных городов России

(В) только из Санкт-Петербурга

25. Ресторан находится в _____ .

(А) Санкт-Петербурге

(Б) Москве

(В) Сочи

Субтест 4. ПИСЬМО

Инструкция по выполнению теста

- **Время выполнения теста — 50 минут.**
- Вы получили задания, инструкции к заданиям и рабочие листы.
- **Напишите фамилию, имя, страну и дату на рабочем листе.**
- Тест состоит из 2 заданий.
- При выполнении теста **можно пользоваться двуязычным словарём.**

Задание 1. Напишите письмо.

Вы недавно ездили путешествовать. Напишите письмо другу или подруге и расскажите о своей поездке. **В вашем тексте должно быть не менее 12 предложений.**

а) Напишите:

- куда вы ездили, в какую страну, в какой город;
- что вы видели и что вам понравилось;
- на каком транспорте вы ездили;
- сколько времени продолжалось ваше путешествие;
- какие блюда вы пробовали в ресторанах;
- какая была погода.

б) Спросите:

- куда хочет поехать ваш (-а) друг или подруга;

- почему он/она хочет поехать туда;

- что он/она планирует там делать.

Задание 2. Напишите сообщение.

Вы хотите поехать с друзьями в выходные за город, на пикник. Напишите сообщение по WhatsApp, которое вы отправите им всем. Сообщите, когда и куда вы предлагаете поехать, что там можно делать, почему это будет интересно, какие продукты для пикника нужно купить. **В вашем сообщении должно быть не менее 5 предложений.**

Субтест 5. ГОВОРЕНИЕ

Инструкция по выполнению теста

- **Время выполнения теста — 25 минут.**
- Вы получили задания, инструкции к заданиям и рабочий лист.
- Тест содержит 3 задания.
- При выполнении **заданий 1 и 2 пользоваться словарём нельзя**.
- При подготовке **задания 3 можно пользоваться двуязычным словарём**.

Инструкция по выполнению заданий 1 и 2

- **Время выполнения заданий — 10 минут.**
- Задания выполняются без предварительной подготовки. Вам нужно принять участие в диалогах.
- Вы должны дать полный ответ (ответы «да», «нет», «не знаю» не являются полными).

Задание 1. Примите участие в диалогах. Ответьте собеседнику.

1. — Скажите, пожалуйста, почему вы решили изучать русский язык?
   — _____.

2. — Сколько времени вы его уже изучаете?
   — _____.

3. — Как вы думаете, это трудный язык? Почему вы так думаете?

— _____.

4. — Как вы занимаетесь русским языком дома?

— _____.

5. — Вы любите путешествовать? В каких странах вы уже были или хотите побывать?

— _____.

Задание 2. Познакомьтесь с описанием ситуации. Начните диалог.

6. Вы не были на уроке русского языка. Позвоните другу и спросите, какое было домашнее задание.

— _____.

7. Вы хотите посмотреть интересный фильм. Спросите у друга, что он может вам посоветовать.

— _____.

8. Вы в кафе. Закажите кофе.

— _____.

9. Вы в кассе кинотеатра. Купите билет.

— _____.

10. Вы договорились встретиться с подругой, пришли, а её нет. Позвоните подруге и спросите, где она, что случилось.

— _____.

Инструкция по выполнению задания 3

- **Время выполнения задания — 15 минут (10 минут — подготовка, 5 минут — ответ).**
- Вы должны подготовить сообщение на предложенную тему **(12–15 предложений)**.
- При подготовке задания можно пользоваться двуязычным словарём.

Задание 3. Подготовьте сообщение на тему «Спорт в моей жизни».

- Каким видом спорта вы занимаетесь?
- Занимались ли вы спортом в детстве?
- Сколько раз в неделю вы ходите в спортзал/на тренировки?
- Ваши друзья занимаются спортом?
- Какой вид спорта популярен в вашей стране/городе?
- Почему важно заниматься спортом?
- Что вы думаете о профессиональном спорте?

2부 정답

Контрольные матрицы

ЛЕКСИКА. ГРАММАТИКА

어휘, 문법 영역 정답

МАКСИМАЛЬНОЕ КОЛИЧЕСТВО БАЛЛОВ — 100.

ЧАСТЬ 1					
1	А	Б	**В**	Г	1
2	**А**	Б	В	Г	1
3	А	Б	В	**Г**	1
4	А	**Б**	В	Г	1
5	А	Б	В	**Г**	1
6	**А**	Б	В	Г	1
7	А	**Б**	В	Г	1
8	**А**	Б	В	Г	1
9	А	Б	**В**	Г	1
10	**А**	Б	В	Г	1
11	А	**Б**	В	Г	1
12	А	Б	**В**	Г	1
13	А	**Б**	В	Г	1
14	А	Б	В	**Г**	1
15	**А**	Б	В	Г	1
16	А	Б	В	**Г**	1
17	А	Б	**В**	Г	1
18	**А**	Б	В	Г	1
19	А	Б	**В**	Г	1
20	**А**	Б	В	Г	1

21	А	**Б**	В	Г	1
22	А	Б	В	**Г**	1
23	А	Б	В	**Г**	1
24	**А**	Б	В	Г	1
25	**А**	Б	В	Г	1
26	А	Б	**В**	Г	1
27	**А**	Б	В	Г	1
28	А	Б	В	**Г**	1
29	А	Б	**В**	Г	1
ЧАСТЬ 2					
30	А	**Б**	В	Г	1
31	**А**	Б	В	Г	1
32	А	Б	В	**Г**	1
33	А	Б	В	**Г**	1
34	А	Б	**В**	Г	1
35	А	**Б**	В	Г	1
36	**А**	Б	В	Г	1
37	А	Б	В	**Г**	1
38	А	Б	**В**	Г	1
39	**А**	Б	В	Г	1
40	А	**Б**	В	Г	1

#					
41	А	Б	В	**Г**	1
42	А	Б	**В**	Г	1
43	А	**Б**	В	Г	1
44	А	Б	**В**	Г	1
45	**А**	Б	В	Г	1
46	А	Б	**В**	Г	1
47	А	Б	В	**Г**	1
48	**А**	Б	В	Г	1
49	А	**Б**	В	Г	1
50	А	**Б**	В	Г	1
51	А	Б	**В**	Г	1
52	А	Б	В	**Г**	1
53	А	**Б**	В	Г	1
54	А	**Б**	В	Г	1
55	**А**	Б	В	Г	1
56	А	Б	**В**	Г	1
57	А	Б	В	**Г**	1
58	**А**	Б	В	Г	1
59	А	**Б**	В	Г	1

ЧАСТЬ 3				
60	А	Б	**В**	1
61	**А**	Б	В	1
62	А	**Б**	В	1
63	**А**	Б	В	1
64	А	**Б**	В	1
65	**А**	Б	В	1
66	А	Б	**В**	1

#				
67	А	Б	**В**	1
68	**А**	Б	В	1
69	А	**Б**	В	1
70	**А**	Б	В	1
71	А	Б	**В**	1

ЧАСТЬ 4				
72	А	Б	**В**	1
73	**А**	Б	В	1
74	**А**	Б	В	1
75	А	**Б**	В	1
76	А	Б	**В**	1
77	**А**	Б	В	1
78	А	**Б**	В	1
79	А	Б	**В**	1
80	А	**Б**	В	1
81	**А**	Б	В	1
82	А	Б	**В**	1
83	А	**Б**	В	1
84	А	Б	**В**	1

ЧАСТЬ 5					
85	А	**Б**	В	Г	1
86	А	Б	В	**Г**	1
87	А	Б	В	**Г**	1
88	А	**Б**	В	Г	1
89	А	Б	В	**Г**	1
90	**А**	Б	В	Г	1
91	А	Б	**В**	Г	1

92	А	**Б**	В	Г	1
93	А	Б	**В**	Г	1
94	**А**	Б	В	Г	1
95	А	Б	**В**	Г	1
96	**А**	Б	В	Г	1
97	**А**	Б	В	Г	1
98	А	Б	В	**Г**	1
99	А	Б	**В**	Г	1
100	А	**Б**	В	Г	1

ЧТЕНИЕ

읽기 영역 정답

МАКСИМАЛЬНОЕ КОЛИЧЕСТВО БАЛЛОВ — 180.

ЧАСТЬ 1				
1	А	Б	**В**	Г
2	**А**	Б	В	Г
3	А	**Б**	В	Г
4	**А**	Б	В	Г
5	**А**	Б	В	Г

ЧАСТЬ 2				
6	**А**	Б	В	Г
7	А	Б	**В**	Г
8	**А**	Б	В	Г
9	А	Б	**В**	Г
10	А	Б	**В**	Г

ЧАСТЬ 3				
11	А	**Б**	В	Г
12	А	Б	**В**	Г
13	**А**	Б	В	Г
14	А	Б	**В**	Г
15	А	**Б**	В	Г
16	**А**	Б	В	Г
17	А	Б	**В**	Г

18	А	**Б**	В	Г
19	**А**	Б	В	Г
20	А	Б	**В**	Г
21	А	**Б**	В	Г
22	**А**	Б	В	Г
23	А	Б	**В**	Г
24	А	Б	**В**	Г
25	**А**	Б	В	Г

ЧАСТЬ 4				
26	**А**	Б	В	Г
27	А	**Б**	В	Г
28	А	Б	**В**	Г
29	А	**Б**	В	Г
30	А	**Б**	В	Г

АУДИРОВАНИЕ
듣기 영역 정답

МАКСИМАЛЬНОЕ КОЛИЧЕСТВО БАЛЛО – 150.

ЧАСТЬ 1				
1	**А**	Б	В	б
2	А	**Б**	В	б
3	А	Б	**В**	б
4	**А**	Б	В	б
5	А	**Б**	В	б

ЧАСТЬ 2				
6	А	**Б**	В	б
7	А	Б	**В**	б
8	**А**	Б	В	б
9	А	**Б**	В	б

ЧАСТЬ 3				
10	**А**	Б	В	б
11	А	Б	**В**	б
12	А	**Б**	В	б
13	А	Б	**В**	б

ЧАСТЬ 4				
14	А	**Б**	В	б
15	**А**	Б	В	б
16	**А**	Б	В	б
17	А	**Б**	В	б
18	А	Б	**В**	б
19	А	**Б**	В	б

ЧАСТЬ 5				
20	**А**	Б	В	б
21	А	**Б**	В	б
22	А	Б	**В**	б
23	**А**	Б	В	б
24	А	**Б**	В	б
25	**А**	Б	В	б

ЧАСТЬ 1

Задания 1–5. Прослушайте сообщения. Выберите из трёх вариантов (А, Б, В) тот, который по смыслу соответствует сообщению.

1. Молодой специалист закончил Санкт-Петербургский государственный университет.

(А) Молодой специалист учился в Санкт-Петербургском государственном университете.

(Б) Молодой специалист работает в Санкт-Петербургском государственном университете.

(В) Молодой специалист никогда не был в Санкт-Петербургском государственном университете.

2. Вчера мой друг посоветовал мне посмотреть интересный фильм о России.

(А) Вчера мы с другом смотрели интересный фильм о России.

(Б) Вчера мой друг сказал, чтобы я посмотрел интересный фильм о России.

(В) Вчера мой друг сказал, что нет интересных фильмов о России.

3. Многие дети говорят, что заниматься по этим учебникам трудно.

(А) Некоторые дети говорят, что заниматься по этим учебникам трудно.

(Б) Многие дети не согласны, что заниматься по этим учебникам трудно.

(В) По мнению многих детей, заниматься по этим учебникам нелегко, то есть трудно.

4. В объявлении я прочитал, что магазин работает круглосуточно.

(А) Из объявления я узнал, что магазин работает 24 часа.

(Б) Я написал объявление о работе в магазине.

(В) Из объявления я узнал, что магазину нужны работники.

5. Сейчас молодые люди хотят жить только в больших городах, уезжают из маленьких городов и деревень.

(А) Сейчас молодые люди переезжают в маленькие города и деревни.

(Б) Сейчас молодые люди переезжают в большие города.

(В) Сейчас молодые люди предпочитают жить в деревне.

ЧАСТЬ 2

Задания 6–9. Прослушайте диалоги и выполните задания к ним. Вам нужно понять, о чём говорят эти люди.

6. — Привет, Антон!

— Привет, Таня! Ты уже знаешь результаты экзаменов?

— Да, можешь меня поздравить. Я сдала все экзамены на «отлично». Наконец-то завтра могу уже отдыхать.

— Рад за тебя. Я знаю, ты много занималась. Каждый день работала в библиотеке. Другого результата и быть не могло.

— Да, это так. Я хорошо работала, теперь хочу хорошо отдохнуть.

Они говорят _____ .

(А) о занятиях

(Б) об экзаменах

(В) об отдыхе

7. — Здравствуйте! Как вы чувствуете себя сегодня? Вы принимаете лекарство, о котором я вам говорила?

— Спасибо, доктор, уже намного лучше. Я купил всё, что вы написали в рецепте. Голова перестала болеть, как только я начал принимать это лекарство. Теперь можно начинать и спортом заниматься, как вы и советовали.

Они говорят о _____ .

(А) спорте

(Б) здоровье

(В) лекарстве

8. — Привет! Как выходные? Чем занималась?

— Ходила в кино. Ты же знаешь, если у меня есть свободное время, я иду в кино. Вчера была на премьере. Не помню фамилии режиссёра, но фильм удивительный, артисты играли замечательно. Сходи обязательно!

Они говорят о _____ .

(А) фильме

(Б) режиссёре

(В) свободном времени

9. — Через неделю у мамы день рождения. Что подарим ей? Есть какие-нибудь идеи?

— Может быть, пригласим её в театр? Она так любит театр!

— Этим её трудно удивить. Она была на всех премьерах. А вот поездка по Золотому кольцу ей может понравиться. Она уже два года об этом мечтает.

— Отлично! Только, пожалуйста, ничего не говори маме об этом. Это должен быть сюрприз.

Они говорят о _____ .

(А) маме

(Б) подарке

(В) поездке

ЧАСТЬ 3

Задания 10–13. Прослушайте диалоги и ответьте на вопрос к каждому из них.

10. Почему Саша не встретил Аню на вокзале?

— Привет, Саша!

— Привет, Нина!

— Саша, почему ты такой грустный? Что-нибудь случилось?

— Да. Сегодня в 8 часов я должен был встречать Аню на вокзале. И не встретил. Опоздал. В последнее время я так много работаю, что у меня нет выходных. Я устал. Вчера я так хотел спать. Сегодня я не услышал будильник. Встал в 8 часов. Сейчас Аня не хочет со мной разговаривать.

Саша не встретил Аню на вокзале, потому что _____ .

(А) опоздал

(Б) работал

(В) забыл

11. В какое время Оля и Игорь решили встретиться?

— Оля, привет! У тебя завтра есть занятия в университете?

— Привет, Игорь! Завтра суббота. По субботам мы не занимаемся.

— Пойдём завтра в бассейн.

— Отличная идея! Пойдём. Когда встречаемся?

— Половина первого. Тебе удобно это время?

— Да, конечно.

— До встречи!

Оля и Игорь решили встретиться в _____ .

(А) 13:30

(Б) 13:00

(В) 12:30

12. Зачем Света звонила Игорю?

— Алло, здравствуй, Игорь! Это Света.

— Здравствуй, Света! Как дела?

— Спасибо, всё хорошо. У меня просьба. Ты — музыкант. Я уверена, ты поможешь. Помоги мне, пожалуйста, выбрать гитару.

— Гитару? С удовольствием помогу. Ты уже знаешь, какую гитару хочешь?

— Нет, я хочу сначала вместе с тобой поехать в магазин музыкальных инструментов и выбрать, а потом купить.

Света звонила Игорю, чтобы _____ .

(А) Игорь купил ей гитару

(Б) они вместе выбрали гитару

(В) помочь Игорю выбрать гитару

13. Что друзья решили подарить Ане на день рождения?

— Виктор, ты уже выбрал подарок для Ани?

— Даже не знаю, что ей подарить! Я думаю, хороший подарок — книга!

— А я заметила, что в последнее время она много фотографирует. У неё большая профессиональная фотокамера. Может быть, подарить ей для камеры специальную сумку?

— Отличная идея! Давай завтра пойдём в магазин и выберем такую сумку!

Друзья решили подарить Ане на день рождения _____ .

(А) фотокамеру

(Б) книгу

(В) сумку для фотокамеры

ЧАСТЬ 4

Задания 14–19. Прослушайте текст, рекламу экскурсионной программы в Москве, и выполните задания к нему.

Турфирма «Глобус» приглашает провести выходные и праздники в Москве!

Предлагаем вашему вниманию нашу новую трёхдневную программу «Московские каникулы». Программа включает интересные экскурсии: вы увидите Красную площадь, Старый Арбат, посетите Кремль, совершите прогулку по Старой Москве. В стоимость тура включены экскурсионная программа, проживание в гостинице три или четыре звезды, по вашему выбору, и проезд до Москвы на поезде. Для всех наших гостей приятный сюрприз — ужин в ресторане русской кухни в подарок. Также турфирма может приобрести для желающих билеты на балет в Большой театр со скидкой 50%. Добро пожаловать в Москву!

ЧАСТЬ 5

Задания 20–25. Прослушайте текст, рекламу ресторана, и выполните задания к нему.

Дорогие жители и гости Санкт-Петербурга!

Ресторан «Русь» приглашает всех на официальное открытие! Ждём вас в пятницу, 25 декабря, ровно в 20:00. Только у нас и только для вас самые вкусные блюда русской кухни готовят лучшие повара со всей России. Приходите с друзьями, с семьёй, чтобы попробовать настоящую русскую кухню. Весь вечер будет живая музыка.

Приходите к нам в гости!

ПИСЬМО
쓰기 영역 예시 답안

Задание 1. Вы недавно ездили путешествовать. Напишите письмо другу или подруге и расскажите о своей поездке. В вашем тексте должно быть не менее 12 предложений.

а) Напишите:

- куда вы ездили, в какую страну, в какой город;
- что вы видели и что вам понравилось;
- на каком транспорте вы ездили;
- сколько времени продолжалось ваше путешествие;
- какие блюда вы пробовали в ресторанах;
- какая была погода.

б) Спросите:

- куда хочет поехать ваш (-а) друг или подруга;
- почему он/она хочет поехать туда;
- что он/она планирует там делать.

Первый вариант ответа

Здравствуй, Наташа!

Как дела? Чем занимаешься?

У меня всё отлично. Недавно мы с родителями ездили путешествовать в Таиланд на неделю. Мы были в Бангкоке и в одном городе у моря. В Бангкоке мы посетили много красивых храмов. Мы ездили на автобусе и метро.

В Таиланде была солнечная и жаркая погода. Мы много купались в море и загорали.

Также мне очень понравилась тайская еда, особенно суп с морепродуктами. Если ты будешь в Таиланде, обязательно попробуй его. Ещё мы ели много фруктов и пили коксовое молоко. Фрукты были очень сладкие и свежие. У нас в стране трудно найти такие вкусные фрукты.

А куда ты хочешь поехать на каникулах? Расскажи, почему ты хочешь поехать туда. Чем ты планируешь там заниматься?

Пиши. Мне очень интересно!

Пока!

Миён

Второй вариант ответа

Оля, привет!

Как ты? Надеюсь, у тебя всё прекрасно.

У меня тоже все хорошо. На прошлой неделе я с другом ездил путешествовать в Россию, в Москву. Мы были там пять дней. По городу мы в основном ездили на метро и иногда на такси.

Нам очень понравилась столица России. Мне особенно понравилась Третьяковская галерея. Ты же знаешь, как я люблю искусство!

Также мы были на Красной площади. Сделали много фотографий у Кремля и купили сувениры для родителей и друзей. Потом мы ходили кататься по Москве-реке. В Москве была хорошая и тёплая погода, поэтому по вечерам мы любили гулять по Арбату и смотреть выступления музыкантов.

В России много вкусной еды. Мы каждый день ели борщ, блины, котлеты, пирожки, разные салаты. Мне очень понравились пирожки с капустой.

Расскажи, в какую страну ты хочешь поехать путешествовать и почему? Что ты там будешь делать?

Жду ответ.

Пока!

Сухо

Задание 2. Напишите сообщение.

Вы хотите поехать с друзьями в выходные за город, на пикник. Напишите сообщение по WhatsApp, которое вы отправите им всем. Сообщите, когда и куда вы предлагаете поехать, что там можно делать, почему это будет интересно, какие продукты для пикника нужно купить. В вашем сообщении должно быть не менее 5 предложений.

Первый вариант ответа

Ребята, привет!

Я предлагаю в эти выходные поехать за город, на пикник. Давайте встретимся в субботу в 12 часов возле университета и вместе поедем на автобусе. Я думаю, будет весело. Мы можем поиграть там в бадминтон, футбол и другие активные игры. Ещё нужно взять с собой еду. Нужно купить хлеб, яйца, сыр, овощи, фрукты и напитки. Кто какие продукты сможет купить? Пишите. Буду ждать.

Второй вариант ответа

Всем привет!

У меня есть предложение. Вы не хотите поехать в выходные за город, на пикник? Я знаю отличное место возле небольшого озера. Там можно плавать и загорать. Если вы согласны, давайте встретимся в 10 часов утра в воскресенье. Мой брат может отвезти нас туда. Только нам надо купить продукты. Я предлагаю взять с собой булочки, сосиски, овощи и воду. Пожалуйста, дайте ответ сегодня! Жду.

ГОВОРЕНИЕ
말하기 영역 예시 답안

Задание 1. Примите участие в диалогах. Ответьте собеседнику.

1. — Скажите, пожалуйста, почему вы решили изучать русский язык?
   1) — <u>Мне нравится русская литература. Я хочу читать произведения русских писателей на русском.</u>
   2) — <u>Я люблю русскую культуру и русских людей. В будущем я хочу жить и работать в России.</u>

2. — Сколько времени вы его уже изучаете?
   1) — <u>Русский язык я изучаю около двух лет.</u>
   2) — <u>Я начала изучать русский язык полгода назад.</u>

3. — Как вы думаете, это трудный язык? Почему вы так думаете?
   1) — <u>Да, очень трудный. В русском языке много длинных слов. Мне трудно их запоминать.</u>
   2) — <u>Не очень трудный, потому что русский алфавит похож на английский. Мне кажется, китайский язык намного труднее.</u>

4. — Как вы занимаетесь русским языком дома?
   1) — <u>Дома я повторяю грамматику и новые слова, которые мы изучили на уроке. А ещё читаю тексты на русском.</u>
   2) — <u>По вечерам я смотрю фильмы на русском языке и стараюсь запомнить полезные и интересные выражения.</u>

5. — Вы любите путешествовать? В каких странах вы уже были или хотите побывать?
   1) — <u>Да, я очень люблю путешествовать. Я уже была в Канаде и Японии. На следующий год я хочу поехать в Россию.</u>
   2) — <u>Нет, я не люблю путешествовать. Но я хотела бы побывать в России и увидеть Кремль.</u>

Задание 2. Познакомьтесь с описанием ситуации. Начните диалог.

6. **Вы не были на уроке русского языка. Позвоните другу и спросите, какое было домашнее задание.**

    1) Женя, привет! Я заболел и не смог прийти на урок. Скажи, пожалуйста, какое сегодня было домашнее задание по русскому языку?

    2) Алло, Маша! Я хотела спросить у тебя, что нам сегодня задали по русскому языку.

7. **Вы хотите посмотреть интересный фильм. Спросите у друга, что он может вам посоветовать.**

    1) Саша, ты часто смотришь фильмы. Посоветуй мне, пожалуйста, интересный фильм.

    2) Вика, сегодня вечером я хочу посмотреть фильм. Ты не знаешь, какие интересные фильмы сейчас показывают в кинотеатре?

8. **Вы в кафе. Закажите кофе.**

    1) Здравствуйте! Можно, пожалуйста, одну чашку чёрного кофе?

    2) Добрый день! Я бы хотела заказать кофе с молоком.

9. **Вы в кассе кинотеатра. Купите билет.**

    1) Здравствуйте! Можно один билет на три часа на фильм «Лёд»?

    2) Здравствуйте! Дайте, пожалуйста, два билета на фильм «Лёд».

10. **Вы договорились встретиться с подругой, пришли, а её нет. Позвоните подруге и спросите, где она, что случилось.**

    1) Алло, Аня, ты где? Что случилось? Почему ты опаздываешь?

    2) Таня, я жду тебя уже десять минут. Почему ты ещё не пришла?

Задание 3 Подготовьте сообщение на тему «Спорт в моей жизни» (12-15 предложений).

Подготовьте сообщение на тему «Спорт в моей жизни».

- Каким видом спорта вы занимаетесь?
- Занимались ли вы спортом в детстве?
- Сколько раз в неделю вы ходите в спортзал/на тренировки?
- Ваши друзья занимаются спортом?
- Какой вид спорта популярен в вашей стране/городе?
- Почему важно заниматься спортом?
- Что вы думаете о профессиональном спорте?

Первый вариант ответа

Я очень люблю спорт и хожу в спортзал три раза в неделю. Я бегаю и занимаюсь на спортивных тренажёрах. В детстве я занимался(-лась) плаванием. Но так как тогда я не любил(-а) спорт, я часто пропускал(-а) тренировки.

Сейчас я стараюсь не пропускать занятия спортом. В спортзал я хожу вместе со своей подругой Суми. Наш друг Ханыль тоже занимается спортом, он играет в бейсбол.

Бейсбол очень популярен в нашей стране. У нас есть много хороших профессиональных команд. Мой друг тоже мечтает стать хорошим игроком в бейсбол. Но это не так легко. Мне кажется, очень трудно заниматься профессиональным спортом. Нужно каждый день с утра до вечера тренироваться.

Я думаю, очень важно заниматься спортом. Спорт помогает нам быть здоровыми и счастливыми.

Второй вариант ответа

Я с детства занимаюсь спортом. Когда я учился(-лась) в школе, я играл(-а) в баскетбол. У нас была своя школьная команда. Тогда я хотел(-а) стать профессиональным(-ой) спортсменом(-кой). Но потом я понял(-а), как это тяжело. Все спортсмены очень сильные люди.

Сейчас я занимаюсь большим теннисом. Я хожу на тренировки два раза в неделю. Мои друзья не любят заниматься спортом, поэтому на теннис я хожу один(одна).

Теннис не так популярен в нашей стране. У нас любят играть в гольф. Почти в каждом спортзале есть уроки по гольфу.

Я думаю, все должны заниматься спортом. В наше время многие работают в офисах и мало двигаются, поэтому часто болеют и быстро устают. Я буду рад(-а), если мои друзья тоже начнут заниматься спортом.

답안지

РАБОЧИЕ МАТРИЦЫ

ЛЕКСИКА. ГРАММАТИКА

Имя, фамилия_____ Страна_____ Дата_____

ЧАСТЬ 1				
1	А	Б	В	Г
2	А	Б	В	Г
3	А	Б	В	Г
4	А	Б	В	Г
5	А	Б	В	Г
6	А	Б	В	Г
7	А	Б	В	Г
8	А	Б	В	Г
9	А	Б	В	Г
10	А	Б	В	Г
11	А	Б	В	Г
12	А	Б	В	Г
13	А	Б	В	Г
14	А	Б	В	Г
15	А	Б	В	Г
16	А	Б	В	Г
17	А	Б	В	Г
18	А	Б	В	Г
19	А	Б	В	Г
20	А	Б	В	Г
21	А	Б	В	Г
22	А	Б	В	Г
23	А	Б	В	Г
24	А	Б	В	Г

25	А	Б	В	Г
26	А	Б	В	Г
27	А	Б	В	Г
28	А	Б	В	Г
29	А	Б	В	Г
ЧАСТЬ 2				
30	А	Б	В	Г
31	А	Б	В	Г
32	А	Б	В	Г
33	А	Б	В	Г
34	А	Б	В	Г
35	А	Б	В	Г
36	А	Б	В	Г
37	А	Б	В	Г
38	А	Б	В	Г
39	А	Б	В	Г
40	А	Б	В	Г
41	А	Б	В	Г
42	А	Б	В	Г
43	А	Б	В	Г
44	А	Б	В	Г
45	А	Б	В	Г
46	А	Б	В	Г
47	А	Б	В	Г
48	А	Б	В	Г

49	А	Б	В	Г		**75**	А	Б	В	
50	А	Б	В	Г		**76**	А	Б	В	
51	А	Б	В	Г		**77**	А	Б	В	
52	А	Б	В	Г		**78**	А	Б	В	
53	А	Б	В	Г		**79**	А	Б	В	
54	А	Б	В	Г		**80**	А	Б	В	
55	А	Б	В	Г		**81**	А	Б	В	
56	А	Б	В	Г		**82**	А	Б	В	
57	А	Б	В	Г		**83**	А	Б	В	
58	А	Б	В	Г		**84**	А	Б	В	
59	А	Б	В	Г					

ЧАСТЬ 3

						ЧАСТЬ 5				
60	А	Б	В			**85**	А	Б	В	Г
61	А	Б	В			**86**	А	Б	В	Г
62	А	Б	В			**87**	А	Б	В	Г
63	А	Б	В			**88**	А	Б	В	Г
64	А	Б	В			**89**	А	Б	В	Г
65	А	Б	В			**90**	А	Б	В	Г
66	А	Б	В			**91**	А	Б	В	Г
67	А	Б	В			**92**	А	Б	В	Г
68	А	Б	В			**93**	А	Б	В	Г
69	А	Б	В			**94**	А	Б	В	Г
70	А	Б	В			**95**	А	Б	В	Г
71	А	Б	В			**96**	А	Б	В	Г

ЧАСТЬ 4

97	А	Б	В	Г
98	А	Б	В	Г
72	А	Б	В
99	А	Б	В	Г
73	А	Б	В
100	А	Б	В	Г
74	А	Б	В

ЧТЕНИЕ

Имя, фамилия _____ **Страна** _____ **Дата** _____

ЧАСТЬ 1			
1	А	Б	В
2	А	Б	В
3	А	Б	В
4	А	Б	В
5	А	Б	В

ЧАСТЬ 2			
6	А	Б	В
7	А	Б	В
8	А	Б	В
9	А	Б	В
10	А	Б	В

ЧАСТЬ 3			
11	А	Б	В
12	А	Б	В
13	А	Б	В
14	А	Б	В
15	А	Б	В
16	А	Б	В
17	А	Б	В
18	А	Б	В
19	А	Б	В
20	А	Б	В

21	А	Б	В
22	А	Б	В
23	А	Б	В
24	А	Б	В
25	А	Б	В

ЧАСТЬ 4			
26	А	Б	В
27	А	Б	В
28	А	Б	В
29	А	Б	В
30	А	Б	В

АУДИРОВАНИЕ

Имя, фамилия _____   Страна _____   Дата _____

ЧАСТЬ 1			
1	А	Б	В
2	А	Б	В
3	А	Б	В
4	А	Б	В
5	А	Б	В

ЧАСТЬ 2			
6	А	Б	В
7	А	Б	В
8	А	Б	В
9	А	Б	В

ЧАСТЬ 3			
10	А	Б	В
11	А	Б	В
12	А	Б	В
13	А	Б	В

ЧАСТЬ 4			
14	А	Б	В
15	А	Б	В
16	А	Б	В
17	А	Б	В
18	А	Б	В
19	А	Б	В

ЧАСТЬ 5			
20	А	Б	В
21	А	Б	В
22	А	Б	В
23	А	Б	В
24	А	Б	В
25	А	Б	В

ПИСЬМО

Имя, фамилия _____ **Страна** _____ **Дата** _____

ПИСЬМО

Имя, фамилия _____ **Страна** _____ **Дата** _____